AF246004

OBLIGATIONS HYPOTHÉCAIRES

DE

S. A. ISMAEL PACHA, KHEDIVE D'EGYPTE

Créées pour le compte de son Domaine privé

(DAIRA SANIEH)

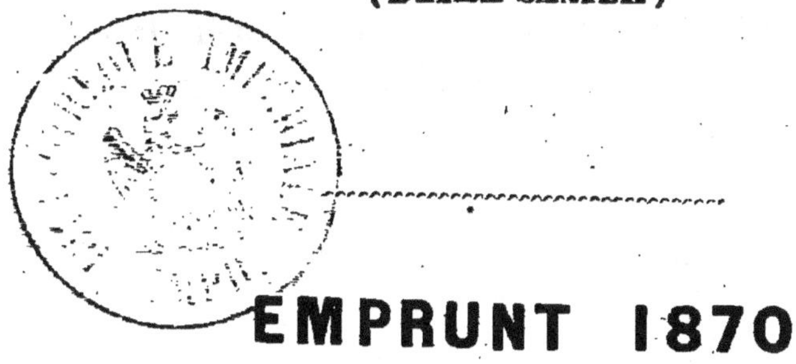

EMPRUNT 1870

INTÉRÊTS DE RETARD

Du 11 Mai au 31 Octobre 1870

En cas de retard de paiement, les porteurs seront passibles
d'un intérêt de 9 0/0 l'an, à partir du *premier jour* fixé pour
l'échéance de chaque terme: cet intérêt courra de plein droit.

OBLIGATIONS HYPOTHÉCAIRES

DE

S. A. ISMAEL PACHA, KHÉDIVE D'ÉGYPTE

Créées pour le compte de son Domaine privé

(DAIRA SANIEH)

EMPRUNT 1870

INTÉRÊTS DE RETARD

Du 11 Mai au 31 Octobre 1870.

A. CHAIX ET C⁰

DATES.	2ᵉ VERSEMENT.	3ᵉ VERSEMENT.	4ᵉ VERSEMENT.	5ᵉ VERSEMENT.	6ᵉ VERSEMENT.
Déc.					
»					
»					
»					
»					
»					
»					
»					
»					
»					
»					
11	0.07 500				
12	0.08 750				
13	0.10 000				
14	0.11 250				
15	» »				
16	0.13 750				
17	0.15 000				
18	0.16 250				
19	0.17 500				
20	0.18 750				
21	0.20 000				
22	» »				
23	0.22 500				
24	0.23 750				
25	0.25 000				
26	» »				
27	0.27 500				
28	0.28 750				
29	» »				
30	0.31 250				
31	0.32 500				

DATES.	2ᵉ VERSEMENT.	3ᵉ VERSEMENT	4ᵉ VERSEMENT.	5ᵉ VERSEMENT.	6ᵉ VERSEMENT.
Juin.					
1	0.33 750				
2	0.35 000				
3	0.36 250				
4	0.37 500				
5	» »				
6	0.40 000				
7	0.41 250				
8	0.42 500				
9	0.43 750				
10	0.45 000				
11	0.46 250				
12	» »				
13	0.48 750				
14	0.50 000				
15	0.51 250				
16	0.52 500				
17	0.53 750				
18	0.55 000				
19	» »				
20	0.57 500				
21	0.58 750				
22	0.60 000				
23	0.61 250				
24	0.62 500				
25	0.63 750				
26	» »				
27	0.66 250				
28	0.67 500				
29	0.68 750				
30	0.70 000				

DATES.	2ᵉ VERSEMENT.		3ᵉ VERSEMENT.		4ᵉ VERSEMENT.	5ᵉ VERSEMENT.	6ᵉ VERSEMENT.
Juillet.							
1	0.71	250	0.20	625			
2	0.72	500	0.22	500			
3	»	»	»	»			
4	0.75	000	0.26	250			
5	0.76	250	0.28	125			
6	0.77	500	0.30	000			
7	0.78	750	0.31	875			
8	0.80	000	0.33	750			
9	0.81	250	0.35	625			
10	»	»	»	»			
11	0.83	750	0.39	375			
12	0.85	000	0.41	250			
13	0.86	250	0.43	125			
14	0.87	500	0.45	000			
15	0.88	750	0.46	875			
16	0.90	000	0.48	750			
17	»	»	»	»			
18	0.92	500	0.52	500			
19	0.93	750	0.54	375			
20	0.95	000	0.56	250			
21	0.96	250	0.58	125			
22	0.97	500	0.60	000			
23	0.98	750	0.61	875			
24	»	»	»	»			
25	1.01	250	0.65	625			
26	1.02	500	0.67	500			
27	1.03	750	0.69	375			
28	1.05	000	0.71	250			
29	1.06	250	0.73	125			
30	1.07	500	0.75	000			
31	»	»	»	»			

DATES.	2ᵉ VERSEMENT.	3ᵉ VERSEMENT.	4ᵉ VERSEMENT.	5ᵉ VERSEMENT.	6ᵉ VERSEMENT.
Août.					
1	1.10 000	0.78 750	0.22 500		
2	1.11 250	0.80 625	0.24 375		
3	1.12 500	0.82 500	0.26 250		
4	1.13 750	0.84 375	0.28 125		
5	1.15 000	0.86 250	0.30 000		
6	1.16 250	0.88 125	0.31 875		
7	» »	» »	» »		
8	1.18 750	0.91 875	0.35 625		
9	1.20 000	0.93 750	0.37 500		
10	1.21 250	0.95 625	0.39 375		
11	1.22 500	0 97 500	0.41 250		
12	1.23 750	0.99 375	0.43 125		
13	1.25 000	1.01 250	0.45 000		
14	» »	» »	» »		
15	» »	» »	» »		
16	1.28 750	1.06 875	0.50 625		
17	1.30 000	1.08 750	0.52 500		
18	1.31 250	1.10 625	0.54 375		
19	1.32 500	1.12 500	0.56 250		
20	1.33 750	1.14 375	0.58 125		
21	» »	» »	» »		
22	1.36 250	1.18 125	0.61 875		
23	1.37 500	1.20 000	0.63 750		
24	1.38 750	1.21 875	0.65 625		
25	1.40 000	1.23 750	0.67 500		
26	1.41 250	1.25 625	0.69 375		
27	1.42 500	1.27 500	0.71 250		
28	» »	» »	» »		
29	1.45 000	1.31 250	0.75 000		
30	1.46 250	1.33 125	0.76 875		
31	1.47 500	1.35 000	0.78 750	0.20 625	

DATES.	2ᵉ VERSEMENT.	3ᵉ VERSEMENT.	4ᵉ VERSEMENT.	5ᵉ VERSEMENT.	6ᵉ VERSEMENT.
Septembre.					
1	1.48 750	1.36 875	0.80 625	0.22 500	
2	1.50 000	1.38 750	0.82 500	0.24 375	
3	1.51 250	1.40 625	0.84 375	0.26 250	
4	» »	» »	» »	» »	
5	1.53 750	1.44 375	0.88 125	0.30 000	
6	1.55 000	1.46 250	0.90 000	0.31 875	
7	1.56 250	1.48 125	0.91 875	0.33 750	
8	1.57 500	1.50 000	0.93 750	0.35 625	
9	1.58 750	1.51 875	0.95 625	0.37 500	
10	1.60 000	1.53 750	0.97 500	0.39 375	
11	» »	» »	» »	» »	
12	1.62 500	1.57 500	1.01 250	0.43 125	
13	1.63 750	1.59 375	1.03 125	0.45 000	
14	1.65 000	1.61 250	1.05 000	0.46 875	
15	1.66 250	1.63 125	1.06 875	0.48 750	
16	1.67 500	1.65 000	1.08 750	0.50 625	
17	1.68 750	1.66 875	1.10 625	0.52 500	
18	» »	» »	» »	» »	
19	1.71 250	1.70 625	1.14 375	0.56 250	
20	1.72 500	1.72 500	1.16 250	0.58 125	
21	1.73 750	1.74 375	1.18 125	0.60 000	
22	1.75 000	1.76 250	1.20 000	0.61 875	
23	1.76 250	1.78 125	1.21 875	0.63 750	
24	1.77 500	1.80 000	1.23 750	0 65 625	
25	» »	» »	» »	» »	
26	1.80 000	1.83 750	1.27 500	0.69 375	
27	1.81 250	1.85 625	1.29 375	0.71 250	
28	1.82 500	1.87 500	1.31 250	0.73 125	
29	1.83 750	1.89 375	1.33 125	0.75 000	
30	1.85 000	1.91 250	1.35 000	0.76.875	

DATES.	2[e] VERSEMENT.	3[e] VERSEMENT.	4[e] VERSEMENT.	5[e] VERSEMENT.	6[e] VERSEMENT
Octobre.					
1	1.86 250	1.93 125	1.36.875	0.78 750	» »
2	» »	» »	» »	» »	» »
3	1.88 750	1.96 875	1.40 625	0.82 500	0.25 594
4	1.90 000	1.98 750	1.42 500	0.84 375	0.27 562
5	1.91 250	2.00 625	1.44 375	0.86 250	0.29 531
6	1.92 500	2.02 500	1.46 250	0.88 125	0.31 500
7	1.93 750	2.04 375	1.48 125	0.90 000	0.33 469
8	1.95 000	2.06 250	1.50 000	0.91 875	0.35 437
9	» »	» »	» »	» »	» »
10	1.97 500	2.10 000	1.53 750	0.95 625	0.39 375
11	1.98 750	2.11 875	1.55 625	0.97 500	0.41 344
12	2.00 000	2.13 750	1.57 500	0.99 375	0.43 312
13	2.01 250	2.15 625	1.59 375	1.01 250	0.45 281
14	2.02 500	2.17 500	1.61 250	1.03 125	0.47 250
15	2.03 750	2.19 375	1.63 125	1.05 000	0.49 219
16	» »	» »	» »	» »	» »
17	2.06 250	2.23 125	1.66 875	1.08 750	0.53 156
18	2.07 500	2.25 000	1.68 750	1.10 625	0.55 125
19	2.08 750	2.26 875	1.70 625	1.12 500	0.57 094
20	2.10 000	2.28 750	1.72 500	1.14 375	0.59 062
21	2.11 250	2.30 625	1.74 375	1.16 250	0.61 031
22	2.12 500	2.32 500	1.76 250	1.18 125	0.63 000
23	» »	» »	» »	» »	» »
24	2.15 000	2.36 250	1 80 000	1.21 875	0.66 937
25	2.16 250	2.38 125	1.81 875	1.23 750	0.68 906
26	2.17 500	2.40 000	1.83 750	1.25 625	0.70 875
27	2.18 750	2.41 875	1.85 625	1.27 500	0.72 844
28	2.20 000	2.43 750	1.87 500	1.29 375	0.74 812
29	2.21 250	2.45 625	1.89 375	1.31 250	0.76 781
30	» »	» »	» »	» »	» »
31	2.23 750	2.49 375	1.93 125	1.35 000	0.80 749